Introducción: ¿Por qué escribir y publicar un libro?

- Presentación del tema: escribir y publicar un libro utilizando ChatGPT
- Importancia de escribir un libro
- Beneficios de publicar un libro
- Descripción de lo que se cubrirá en el libro

2. Utilizando ChatGPT para escribir un libro

- ¿Qué es ChatGPT y cómo funciona?
- Cómo usar ChatGPT para generar ideas y contenido para tu libro
- Consejos para asegurarse de que el contenido generado por ChatGPT es de alta calidad
- Ejemplos de cómo utilizar ChatGPT para escribir diferentes tipos de libros

3. Planificación de tu libro

- Cómo definir el género, el público objetivo y el propósito de tu libro
- Cómo estructurar tu libro y organizar tus ideas
- Herramientas y técnicas para la planificación y organización de tu libro

4. Escribiendo tu libro

- Consejos para empezar a escribir tu libro utilizando el contenido generado por ChatGPT
- Cómo hacer frente al bloqueo del escritor
- Edición y revisión de tu libro utilizando ChatGPT
- Cómo hacer que tu libro sea coherente y atractivo para tu audiencia

5. Publicación de tu libro

- Opciones de publicación para tu libro
- Cómo crear una portada atractiva para tu libro utilizando ChatGPT
- Cómo promocionar tu libro utilizando las redes sociales y otras herramientas en línea
- Consejos para hacer que tu libro sea exitoso

6. Conclusiones y próximos pasos

- Recapitulación de lo que se cubrió en el libro
- Resumen de las principales lecciones aprendidas
- Sugerencias para futuras investigaciones o publicaciones
- Cierre y despedida

Introducción: ¿Por qué escribir y publicar un libro?

¿Alguna vez has pensado en escribir un libro? Si es así, estás en el lugar correcto. En este libro, te mostraré cómo puedes utilizar ChatGPT para escribir y publicar un libro de manera efectiva y sencilla.

Escribir un libro puede parecer un desafío abrumador, pero también puede ser una experiencia muy gratificante y enriquecedora. Es una oportunidad para compartir tus conocimientos, experiencias y perspectivas con el mundo. Y, gracias a la tecnología, ahora es más fácil que nunca publicar un libro.

En este libro, te mostraré cómo puedes utilizar ChatGPT para generar ideas y contenido para tu libro, cómo planificar y estructurar tu libro, cómo escribir y editar tu libro, y cómo publicar y promocionar tu libro. Todo esto puede parecer abrumador al principio, pero no te preocupes, estoy aquí para guiarte a través de todo el proceso.

¿Por qué deberías escribir y publicar un libro? Hay muchas razones. Tal vez quieras compartir tus conocimientos y experiencia con otras personas, o tal vez tengas una historia inspiradora que quieras contar. Tal vez quieras establecerte como experto en tu campo o ganar dinero mediante la venta de tu libro.

Sea cual sea tu motivación, escribir y publicar un libro puede ser una experiencia emocionante y enriquecedora. Y, gracias a ChatGPT, puedes hacerlo de manera más eficiente y efectiva que nunca.

Así que, si estás listo para aprender cómo escribir y publicar un libro utilizando ChatGPT, ¡sigue leyendo! En las siguientes páginas, te guiaré a través de todo el proceso y te mostraré cómo puedes llevar tu libro del concepto a la realidad.

Presentación del tema: escribir y publicar un libro utilizando ChatGPT

Escribir y publicar un libro puede parecer una tarea abrumadora. ¿Cómo comienzas a escribir un libro? ¿Cómo sabes si lo que estás escribiendo es lo suficientemente bueno para ser publicado? ¿Cómo se promociona un libro una vez que está publicado? Estas son preguntas comunes que muchos escritores se hacen.

En este libro, exploraremos cómo utilizar la tecnología de inteligencia artificial de ChatGPT para escribir y publicar un libro. ChatGPT es un modelo de lenguaje natural que utiliza técnicas de aprendizaje profundo para generar texto de alta calidad. Al utilizar ChatGPT, podrás obtener ideas y contenido para tu libro de manera más rápida y eficiente.

Este libro está dirigido a escritores que desean utilizar tecnología de inteligencia artificial para escribir y publicar un libro. A lo largo de estas páginas, exploraremos cómo utilizar ChatGPT para generar ideas, planificar, escribir y publicar tu libro. También hablaremos sobre cómo promocionar tu libro una vez que esté publicado.

Ya sea que estés escribiendo ficción o no ficción, este libro te proporcionará las herramientas y técnicas necesarias para comenzar a escribir y publicar tu libro. ¡Así que prepárate para aprender cómo escribir y publicar un libro utilizando ChatGPT!

Importancia de escribir un libro

La escritura de un libro es una de las formas más poderosas de comunicar tus ideas y conocimientos con el mundo. Aunque escribir un libro puede parecer abrumador al principio, el impacto y los beneficios que puede aportar son invaluables.

En primer lugar, escribir un libro te permite organizar tus pensamientos y conocimientos en un formato coherente y significativo. La disciplina que implica el proceso de escritura puede ayudarte a profundizar en tus ideas y a expresarlas de manera más clara y efectiva. Además, el acto de escribir te permite explorar y reflexionar sobre tus propias ideas, lo que puede ayudarte a crecer y aprender como persona.

Además, escribir un libro puede ayudarte a establecerte como experto en tu campo. Al compartir tus conocimientos y perspectivas a través de un libro, puedes aumentar tu credibilidad y reputación como profesional. Esto puede llevar a nuevas oportunidades, como hablar en conferencias, participar en paneles de discusión y aumentar tu presencia en los medios.

Otro beneficio de escribir un libro es que puede tener un impacto duradero. Los libros pueden inspirar, informar y entretener a las personas durante décadas, e incluso siglos. Al escribir un libro, tienes la oportunidad de contribuir al conocimiento humano y de dejar tu huella en el mundo.

En resumen, la escritura de un libro es una empresa que puede ser desafiante, pero también gratificante y transformadora. Si tienes una historia que contar, conocimientos que compartir o perspectivas únicas que ofrecer, escribir un libro puede ser la manera perfecta de hacerlo.

Beneficios de publicar un libro

1.   Compartir tu conocimiento: Publicar un libro te permite compartir tus conocimientos con otros. Si eres un experto en un tema o tienes experiencia en algún campo, escribir un libro puede ser una forma de compartir tus ideas y conocimientos con un público más amplio.

2.   Establecer tu marca personal: Publicar un libro puede ayudarte a establecer tu marca personal y a aumentar tu credibilidad en tu campo de especialización. También puede ayudarte a construir una audiencia y a aumentar tu presencia en línea.

3.   Generar ingresos: Publicar un libro puede ser una forma de generar ingresos. Si tu libro tiene éxito, puedes ganar dinero a través de las ventas de libros, y también puedes ser contratado para dar charlas o conferencias sobre tu tema.

4.   Crear una red de contactos: Publicar un libro puede ayudarte a crear una red de contactos en tu campo de especialización. Si tu libro es bien recibido, puedes ser contactado por otros expertos en tu campo, lo que puede abrir nuevas oportunidades y conexiones profesionales.

5.   Desarrollar habilidades de escritura: Escribir un libro puede ayudarte a desarrollar tus habilidades de escritura. A medida que

escribas tu libro, aprenderás a estructurar tus ideas y a presentarlas de una manera clara y concisa.

6.   Sentido de logro: Escribir y publicar un libro puede ser un gran logro personal. Te dará la satisfacción de haber completado una tarea importante y puede darte una sensación de realización y orgullo.

Estos son solo algunos beneficios de publicar un libro, pero hay muchos otros. Puedes explorar estos temas con más detalle en el libro, y ofrecer ejemplos y consejos para ayudar a los lectores a aprovechar al máximo la experiencia de publicar un libro.

Descripción de lo que se cubrirá en el libro

En este libro, aprenderás a escribir y publicar un libro utilizando la tecnología de ChatGPT. A través de los capítulos, conocerás todo lo que necesitas saber sobre cómo utilizar ChatGPT para generar ideas, contenido y estructurar tu libro, así como a planificar y publicar tu obra en línea.

En la primera sección, descubrirás cómo funciona ChatGPT y cómo puedes utilizarlo para generar ideas y contenido para tu libro. Además, encontrarás consejos y técnicas para asegurarte de que el contenido generado por ChatGPT sea de alta calidad y se ajuste a tu estilo de escritura.

En la segunda sección, aprenderás cómo planificar tu libro, definir el género, el público objetivo y el propósito de tu obra, así como a estructurar y organizar tus ideas para que puedas empezar a escribir con confianza.

La tercera sección se centra en la escritura de tu libro utilizando el contenido generado por ChatGPT. Aprenderás a superar el bloqueo del escritor y cómo editar y revisar tu obra utilizando ChatGPT para que sea coherente y atractiva para tu audiencia.

En la cuarta sección, descubrirás las diferentes opciones de publicación para tu libro y cómo puedes crear una portada atractiva utilizando ChatGPT. Además, aprenderás a promocionar tu libro a través de las redes sociales y otras herramientas en línea para que puedas llegar a más lectores y hacer que tu obra sea un éxito.

Finalmente, en la quinta sección, recapitularemos todo lo que se cubrió en el libro y te daremos consejos para futuras investigaciones o publicaciones. Este libro te proporcionará todo lo que necesitas saber para escribir y publicar un libro utilizando ChatGPT, y esperamos que te inspire a crear obras increíbles y exitosas en el futuro.

Utilizando ChatGPT para escribir un libro

ChatGPT es un modelo de lenguaje basado en la inteligencia artificial que ha sido entrenado en una enorme cantidad de datos de lenguaje natural. Puede generar texto de manera autónoma y completar frases o párrafos, utilizando la información que ha aprendido de sus datos de entrenamiento.

Para utilizar ChatGPT en la escritura de un libro, puedes seguir los siguientes pasos:

1. Define el propósito y el tema de tu libro

Antes de empezar a utilizar ChatGPT, es importante que definas el propósito y el tema de tu libro. Si tienes una idea clara de lo que quieres escribir, será más fácil utilizar ChatGPT para generar ideas y contenido relevante para tu libro.

2. Configura ChatGPT

Existen diferentes versiones y configuraciones de ChatGPT disponibles en línea. Una vez que hayas seleccionado la que te parezca más apropiada, es posible que debas ajustar algunos parámetros para adaptar ChatGPT a tu proyecto específico.

3. Genera ideas y contenido

Utiliza ChatGPT para generar ideas y contenido para tu libro. Puedes ingresar una pregunta o una frase en el modelo, y este completará la idea o incluso generará nuevas ideas para ti.

Es importante tener en cuenta que aunque ChatGPT es capaz de generar contenido, este puede no ser siempre preciso o relevante para tu proyecto. Por lo tanto, deberás dedicar tiempo a revisar y editar el contenido generado por ChatGPT para asegurarte de que se adapte a tus necesidades.

4. Edita y perfecciona tu contenido

Una vez que hayas generado contenido con ChatGPT, es importante que dediques tiempo a editarlo y perfeccionarlo. Revisa el contenido cuidadosamente para asegurarte de que sea coherente, relevante y bien escrito.

5. Agrega tu propio estilo y voz

Aunque ChatGPT puede ayudarte a generar contenido para tu libro, es importante que agregues tu propio estilo y voz al proyecto. Esto es lo que hará que tu libro sea único y atractivo para los lectores.

En resumen, ChatGPT puede ser una herramienta útil para la escritura de un libro, especialmente para generar ideas y contenido. Sin embargo, debes tener en cuenta que la edición y la revisión son importantes para asegurarte de que tu libro sea de alta calidad y se adapte a tus necesidades específicas.

¿Qué es ChatGPT y cómo funciona?

¿Qué es ChatGPT?

ChatGPT es un modelo de lenguaje de inteligencia artificial desarrollado por OpenAI. Se trata de una versión mejorada de GPT-2, que utiliza una red neuronal de transformadores para generar texto en respuesta a una entrada de texto dada. ChatGPT es capaz de aprender a partir de grandes cantidades de texto, lo que le permite generar texto coherente y relevante en diferentes contextos y en varios idiomas.

¿Cómo funciona ChatGPT?

El funcionamiento de ChatGPT es relativamente sencillo: se introduce una entrada de texto (por ejemplo, una pregunta o una frase incompleta) y el modelo genera una respuesta en función del contexto proporcionado. La respuesta puede ser un fragmento de texto, una frase o incluso un párrafo completo.

Para generar estas respuestas, ChatGPT utiliza una técnica llamada "aprendizaje por refuerzo". Esto significa que el modelo va aprendiendo a medida que recibe retroalimentación sobre su desempeño. En otras palabras, cuando ChatGPT genera una respuesta, se evalúa si esa respuesta es coherente y relevante en función de la entrada de texto dada. Si la respuesta es buena, el modelo recibe una recompensa y ajusta sus pesos internos para hacer más probable que genere una respuesta similar en el futuro. Si la respuesta es mala, el modelo recibe una penalización y ajusta sus pesos para hacer menos probable que genere una respuesta similar.

¿Qué hace que ChatGPT sea tan especial?

ChatGPT es especial por varias razones:

- ChatGPT es capaz de generar texto de alta calidad y coherente en varios idiomas, lo que lo hace útil para aplicaciones en todo el mundo.

- El modelo es escalable, lo que significa que puede ser entrenado en grandes conjuntos de datos para mejorar su capacidad de generar texto.

- ChatGPT puede ser utilizado para una amplia gama de aplicaciones, incluyendo generación de texto, traducción de idiomas, resumen de texto y más.

- Como modelo de lenguaje, ChatGPT tiene el potencial de ser entrenado para responder preguntas, lo que lo hace ideal para aplicaciones de chatbot y asistencia virtual.

Conclusión

En resumen, ChatGPT es un modelo de lenguaje de inteligencia artificial que puede generar texto relevante y coherente en función de una entrada de texto dada. El modelo se basa en una red neuronal de transformadores y utiliza el aprendizaje por refuerzo para mejorar su capacidad de generar texto de alta calidad. ChatGPT es escalable, versátil y puede ser utilizado para una amplia gama de aplicaciones en todo el mundo.

Cómo usar ChatGPT para generar ideas y contenido para tu libro

ChatGPT es una herramienta poderosa para generar ideas y contenido para tu libro. Como modelo de lenguaje basado en inteligencia artificial, ChatGPT puede producir texto coherente y relevante a partir de una sola palabra o frase.

Aquí te presentamos algunos pasos para usar ChatGPT en la generación de ideas y contenido para tu libro:

1. Define el tema principal de tu libro

   Antes de empezar a utilizar ChatGPT, es importante tener una idea clara del tema principal de tu libro. Esto te ayudará a dirigir tus consultas de manera más efectiva y obtener mejores resultados.

2. Ingresa consultas específicas

   Para obtener los mejores resultados, es recomendable ingresar consultas específicas en ChatGPT. Por ejemplo, en lugar de pedirle que genere ideas generales para un libro de cocina, podrías preguntarle sobre recetas específicas o tipos de ingredientes que quieras incluir.

3. Usa diferentes configuraciones de longitud de texto

ChatGPT te permite ajustar la longitud del texto que genera, desde unas pocas palabras hasta párrafos completos. Experimenta con diferentes configuraciones para ver cuál funciona mejor para ti.

4. Filtra los resultados

Es posible que no todos los resultados generados por ChatGPT sean relevantes para tu libro. Por lo tanto, es importante filtrar y seleccionar cuidadosamente los resultados que te parezcan más útiles.

5. Usa los resultados como punto de partida

Los resultados generados por ChatGPT pueden servir como punto de partida para la creación de contenido en tu libro. Utiliza las ideas y el lenguaje sugeridos por ChatGPT para crear secciones y capítulos más detallados y coherentes.

6. Edita y revisa cuidadosamente

Es importante recordar que el contenido generado por ChatGPT no está completamente libre de errores o inconsistencias. Por lo tanto, es importante revisar y editar cuidadosamente el texto generado antes de incluirlo en tu libro.

Al seguir estos pasos, puedes aprovechar al máximo la capacidad de ChatGPT para generar ideas y contenido para tu libro. Asegúrate de usar esta herramienta de manera estratégica y complementaria a tus propias habilidades y conocimientos como escritor para crear un libro único y de alta calidad.

Consejos para asegurarse de que el contenido generado por ChatGPT es de alta calidad

1. Selecciona la mejor respuesta: Cuando ChatGPT te brinde varias opciones de respuesta, tómate el tiempo para leerlas todas y selecciona la que creas que es la mejor. Asegúrate de que la respuesta sea relevante para el tema que estás tratando y tenga sentido en el contexto de lo que estás escribiendo.

2. Revisa la gramática y la coherencia: El contenido generado por ChatGPT puede tener errores de gramática y ortografía, así que asegúrate de revisar cuidadosamente todo el texto que obtengas. Además, verifica la coherencia del contenido para asegurarte de que fluya de manera lógica.

3. Personaliza el contenido: Una forma de asegurarte de que el contenido generado por ChatGPT sea de alta calidad es personalizarlo para que se adapte a tu estilo y voz como escritor. Revisa y modifica el contenido para que suene más natural y refleje tu punto de vista.

4. Investiga y amplía el contenido: El contenido generado por ChatGPT puede ser un buen punto de partida, pero siempre es recomendable que realices tu propia investigación para ampliar el tema y proporcionar más información de calidad.

Asegúrate de incluir fuentes confiables y actualizadas para respaldar tus argumentos.

5. Revisa el contenido de manera regular: No confíes en el contenido generado por ChatGPT por sí solo. Asegúrate de revisar y editar el contenido de manera regular para asegurarte de que siga siendo relevante y preciso a medida que vayas avanzando en tu libro.

6. Usa ChatGPT como herramienta, no como reemplazo: Recuerda que ChatGPT es una herramienta que puede ayudarte en el proceso de escritura, pero no debe reemplazar completamente tu creatividad y capacidad de investigación. Utiliza el contenido generado por ChatGPT como un punto de partida para tu escritura, no como la única fuente de información.

Siguiendo estos consejos, podrás asegurarte de que el contenido generado por ChatGPT sea de alta calidad y útil para tu libro. Recuerda que siempre es recomendable realizar una revisión exhaustiva y personalizar el contenido para que refleje tu estilo y enfoque como escritor.

Ejemplos de cómo utilizar ChatGPT para escribir diferentes tipos de libros

1. Ficción

Si quieres escribir una novela o una historia corta de ficción, ChatGPT puede ser una herramienta útil para generar ideas y contenido. Puedes utilizar ChatGPT para generar personajes, diálogos, situaciones y descripciones, entre otros elementos de la trama. Asegúrate de leer y revisar cuidadosamente el contenido generado por ChatGPT para asegurarte de que se ajusta a la trama y el tono que quieres para tu historia.

2. Sin ficción

Si estás interesado en escribir un libro de no ficción, como un libro de autoayuda, una guía o un libro de negocios, ChatGPT también puede ser una herramienta útil para generar ideas y contenido. Puedes utilizar ChatGPT para generar ideas para capítulos, ejemplos, estudios de caso y ejercicios prácticos. Asegúrese de revisar y editar cuidadosamente el contenido generado por ChatGPT para asegurarse de que es relevante, preciso y útil para su objetivo público.

3. Biografía o autobiografía

Si estás interesado en escribir una biografía o una autobiografía, ChatGPT puede ser útil para generar ideas para la estructura y el contenido del libro. Puedes utilizar ChatGPT para generar ideas sobre la vida y la trayectoria de la persona que quieres retratar en tu libro, así como para proporcionar detalles sobre los eventos y situaciones clave que definieron su vida. Asegúrese de revisar y editar cuidadosamente el contenido generado por ChatGPT para asegurarse de que se ajusta a la historia real de la persona que está retratando.

4. Historia

Si estás interesado en escribir un libro sobre la historia de un tema o un lugar específico, ChatGPT puede ser útil para generar ideas para la estructura y el contenido del libro. Puedes utilizar ChatGPT para generar ideas sobre los eventos clave y los personajes relevantes en la historia que estás escribiendo. Asegúrese de revisar y editar cuidadosamente el contenido generado por ChatGPT para asegurarte de que es preciso y relevante para el tema que estás cubriendo.

5. Poesía

Si estás interesado en escribir poesía, ChatGPT puede ser una herramienta útil para generar ideas para el contenido y la estructura de tus poemas. Puedes utilizar ChatGPT para generar ideas sobre temas, imágenes, metáforas y otros elementos poéticos. Asegúrate de revisar y editar cuidadosamente el contenido generado por ChatGPT para asegurarte de que se ajusta al estilo y la intención poética que quieres para tus poemas.

Estos son solo algunos ejemplos de cómo puedes utilizar ChatGPT para escribir diferentes tipos de libros. Recuerda que siempre debes revisar y editar cuidadosamente el contenido generado por ChatGPT para asegurarte de que se ajusta a la trama, el tono y el propósito de tu libro.

Planificación de tu libro

1. Define el género y el público objetivo de tu libro:

Antes de comenzar a escribir, es importante definir el género de tu libro, es decir, el tipo de libro que estás escribiendo, por ejemplo, novela, ensayo, biografía, etc. También es importante definir a quién va dirigido tu libro, es decir , el objetivo público. Piensa en qué tipo de personas estarían interesados en leer tu libro y adaptar tu escritura a ese público.

2. Establece el propósito de tu libro:

¿Cuál es el propósito de tu libro? ¿Quieres entretener a tus lectores, educarlos o inspirarlos? Al definir el propósito de tu libro, podrás enfocar tu escritura y asegurarte de que tus ideas sean claras y coherentes.

3. Crea un esquema:

Una vez que ha definido el género, el objetivo público y el propósito de tu libro, es hora de crear un esquema. Un esquema es una estructura básica de tu libro, que te permitirá organizar tus ideas y asegurarte de que todas las partes del libro estén conectadas de manera coherente.

4. Define los capítulos y las secciones de tu libro:

A partir de tu esquema, puedes comenzar a definir los capítulos y las secciones de tu libro. Define los temas principales que abordarás en cada capítulo y asegúrate de que cada capítulo esté conectado con los demás.

5. Investiga y recopila información:

Dependiendo del tipo de libro que estás escribiendo, puede ser necesario realizar investigaciones y recopilar información relevante para tu obra. Asegúrese de incluir las fuentes de información que está utilizando en su libro y citarlas adecuadamente.

6. Organiza tus notas:

A medida que investiga y recopila información, es importante que organices tus notas y asegurarte de que estén accesibles para ti mientras escribes. Puede utilizar herramientas en línea o aplicaciones de organización de notas para esto.

7. Establece un plan de escritura:

Una vez que ha definido la estructura de su libro y ha organizado su información, es hora de establecer un plan de escritura. Define cuántos horas al día oa la semana dedicarás a escribir, establece plazos para completar cada sección del libro y define cuándo revisarás y editarás tu obra.

Recuerda que estos son solo algunos temas que podrían abordarse en la sección de planificación de tu libro. Dependiendo del tipo de libro que estés escribiendo, puede ser necesario profundizar en algunos de estos temas o agregar otros nuevos.

Cómo definir el género, el público objetivo y el propósito de tu libro

1. Definir el género del libro: Lo primero que debes hacer es definir el género del libro que deseas escribir. Esto te ayudará a tener una idea clara del enfoque que le darás al contenido y la forma en que se presentará. Algunos géneros comunes incluyen ficción, no ficción, poesía, ensayo, biografía, entre otros.

2. Identificar el público objetivo: Es importante tener en cuenta el público al que te diriges al escribir tu libro. Piensa en la edad, el género, la educación, el interés y la cultura de las personas a las que quieres llegar. Esto te ayudará a adaptar el tono y el estilo del libro para que sea atractivo y relevante para tu audiencia.

3. Definir el propósito del libro: ¿Qué quieres lograr con tu libro? ¿Informar, educar, entretener o persuadir a tu audiencia? Es importante tener en cuenta el propósito del libro para asegurarte de que tu contenido esté enfocado y sea coherente. Si tu libro tiene un propósito claro, será más fácil para los lectores entender el valor que ofrece y por qué deberían leerlo.

4. Investigar el mercado: Antes de comenzar a escribir tu libro, es importante investigar el mercado para saber qué libros similares ya existen y cómo se venden. Esta información te ayudará a

definir el enfoque de tu libro y a identificar lo que hace que tu libro sea único y valioso para los lectores.

5. Refinar tus objetivos y metas: Una vez que hayas definido el género, el público objetivo y el propósito de tu libro, es importante que refines tus objetivos y metas. Define qué es lo que quieres lograr con tu libro a corto y largo plazo. Esto te ayudará a mantener la motivación y el enfoque a lo largo del proceso de escritura.

Espero que estas pautas te sean útiles para definir el género, el público objetivo y el propósito de tu libro de 100 hojas o más. Recuerda que estos elementos son importantes para establecer la base sólida de tu libro y hacer que sea atractivo para tu audiencia.

Cómo estructurar tu libro y organizar tus ideas

1. Define el propósito y el público objetivo de tu libro: Antes de comenzar a escribir, es importante definir el propósito de tu libro y a quién va dirigido. ¿Quieres escribir un libro técnico, una novela de ficción o un libro de autoayuda? ¿A quién te diriges: adultos, jóvenes o niños? Estas preguntas te ayudarán a enfocar tus ideas y determinar la estructura de tu libro.

2. Crea un esquema o índice: Una vez que hayas definido el propósito y el público objetivo de tu libro, crea un esquema o un índice. Divide tu libro en capítulos y secciones, y asigna títulos a cada uno. Esto te ayudará a estructurar tus ideas y a asegurarte de que cada capítulo y sección fluya de manera lógica y coherente.

3. Identifica los puntos clave: Una vez que hayas creado el esquema de tu libro, identifica los puntos clave que quieres cubrir en cada sección. Utiliza frases cortas para resumir cada punto y asegúrate de que estén relacionados con el tema general de cada sección.

4. Organiza tus ideas: Una vez que hayas identificado los puntos clave, organiza tus ideas en un orden lógico y coherente. Asegúrate de que cada idea fluya naturalmente de una a otra, y que cada capítulo y sección tenga un propósito claro y definido.

5. Utiliza encabezados y subtítulos: Utiliza encabezados y subtítulos para dividir cada sección en temas más específicos. Esto te ayudará a organizar tus ideas y a asegurarte de que cada sección esté enfocada en un tema específico.

6. Estructurado tu libro, haz una lista de comprobación para asegurarte de que has cubierto todos los puntos clave y que tu libro fluye de manera lógica y coherente.

Recuerda que cada libro es único y que la estructura que funcione mejor para ti dependerá del propósito de tu libro y de tu estilo de escritura. Experimenta con diferentes estructuras y encuentra la que mejor funcione para ti. ¡Buena suerte!

Herramientas y técnicas para la planificación y organización de tu libro

1. Mapas mentales: Los mapas mentales son una excelente herramienta para planificar y organizar ideas. Consiste en colocar el tema central en el centro del mapa y a partir de ahí, se van añadiendo ramas y subramas con las ideas principales que quieres tratar en tu libro. Esto te ayudará a visualizar la estructura de tu libro y a ordenar tus ideas.

2. Esquemas: Al igual que los mapas mentales, los esquemas te permiten organizar tus ideas de forma visual. Los esquemas pueden ser jerárquicos o lineales y te ayudarán a estructurar el contenido de tu libro en capítulos, secciones y subsecciones.

3. Cronogramas: Los cronogramas son una herramienta útil para planificar y gestionar el tiempo que le dedicarás a escribir tu libro. Puedes crear un cronograma diario, semanal o mensual en el que establezcas objetivos de escritura y fechas límite para cada capítulo o sección.

4. Tarjetas de notas: Las tarjetas de notas son una técnica popular para organizar tus ideas en pequeñas porciones. Puedes escribir cada idea en una tarjeta separada y luego ordenarlas y clasificarlas según su relevancia y su ubicación en tu libro.

5. Software de organización: Existen varios programas y herramientas en línea que pueden ayudarte a organizar tus ideas y tu contenido de forma eficiente. Algunas opciones populares son Trello, Evernote, Scrivener y Google Docs.

Recuerda que no hay una única técnica o herramienta que funcione para todos. Es importante que encuentres la que mejor se adapte a tus necesidades y estilo de escritura. También es importante que te mantengas flexible y abierto a cambios y ajustes a medida que avanzas en la escritura de tu libro.

Escribiendo tú libro

1. Preparación para escribir

Antes de comenzar a escribir, es importante tener una idea clara de qué es lo que quieres decir. Aquí hay algunas sugerencias para ayudarte a prepararte para escribir tu libro:

- Define claramente el género, el público objetivo y el propósito de tu libro. Estos factores influirán en el contenido que incluyas y en cómo lo presentes.
- Haz una lluvia de ideas sobre el contenido que deseas incluir en tu libro. Utiliza herramientas como ChatGPT para ayudarte a generar ideas.
- Desarrolla una estructura y un esquema de tu libro. Esto te ayudará a organizar tus ideas y a tener una visión clara del contenido que necesitas incluir.

2. Cómo empezar a escribir

Comenzar a escribir puede ser un desafío, pero hay algunas estrategias que pueden ayudarte a superar el bloqueo del escritor y a comenzar a escribir:

- Establece una rutina de escritura. Dedica un tiempo específico cada día o cada semana para escribir. Esto te ayudará a mantener el enfoque y a establecer un ritmo.

- Comienza con un borrador. No te preocupes por la calidad de la escritura en esta etapa. Lo importante es obtener tus ideas en el papel y comenzar a trabajar en la estructura de tu libro.

- Utiliza herramientas como ChatGPT para generar ideas o incluso para escribir secciones completas de tu libro.

3. Edición y revisión

Una vez que hayas completado el borrador inicial de tu libro, es importante dedicar tiempo a la edición y revisión. Aquí hay algunos consejos para ayudarte a mejorar la calidad de tu escritura:

- Revisa el borrador de tu libro para detectar errores gramaticales, ortográficos o de puntuación.

- Asegúrate de que tu libro tenga una estructura clara y coherente. Si es necesario, reorganiza la estructura para mejorar la presentación de tus ideas.

- Trabaja en la fluidez de la escritura. Lee tu libro en voz alta para identificar áreas donde la redacción sea difícil de seguir o confusa.

- Utiliza herramientas como ChatGPT para ayudarte a generar y mejorar tus ideas.

4. Publicación y promoción

Una vez que hayas completado la escritura y la edición de tu libro, es hora de considerar las opciones de publicación y promoción. Aquí hay algunos consejos para ayudarte en esta etapa:

- Decide qué tipo de publicación es el mejor para tu libro. ¿Quieres publicarlo en línea o en formato impreso? ¿Quieres auto-publicar o trabajar con una editorial?
- Crea una portada atractiva y profesional para tu libro. Utiliza herramientas como ChatGPT para ayudarte a generar ideas para la portada.
- Promociona tu libro en las redes sociales y en otros canales de marketing en línea. Crea una estrategia de marketing para ayudar a llegar a tu audiencia objetivo.
- Considera la posibilidad de contratar a un editor o a un experto en marketing para ayudarte en este proceso.

Estas son solo algunas ideas para abordar el tema "Escribiendo tu libro" en un libro de 100 páginas o más. Espero que te hayan sido útiles. Aquí te presento algunas ideas adicionales:

5. Cómo encontrar inspiración

La inspiración es fundamental para cualquier escritor. En este capítulo puedes hablar sobre cómo encontrar inspiración para escribir tu libro. Algunas ideas que puedes incluir son:

- Lee libros de otros autores que te gusten y que escriban en tu género. Esto puede ayudarte a obtener ideas y a desarrollar tu estilo de escritura.
- Mantén un diario donde puedas anotar ideas para tu libro y cualquier otro pensamiento que te pueda ayudar.
- Sal y experimenta nuevas cosas. La vida real puede proporcionarte la inspiración que necesitas para desarrollar tus personajes y para crear una historia más auténtica.

6. Cómo desarrollar tus personajes

Los personajes son la columna vertebral de cualquier historia. En este capítulo puedes hablar sobre cómo desarrollar personajes sólidos e interesantes para tu libro. Aquí hay algunas sugerencias:

- Piensa en la personalidad, las motivaciones y los conflictos de tus personajes. ¿Qué los hace únicos? ¿Qué es lo que quieren?
- Crea un perfil para cada personaje. Esto te ayudará a mantener su coherencia y a desarrollar su carácter.

- Haz que tus personajes evolucionen a lo largo de la historia. Esto hará que sean más interesantes y les permitirá crecer a lo largo del libro.

7. Cómo mejorar tu estilo de escritura

Tu estilo de escritura es lo que te diferencia de otros autores. En este capítulo puedes hablar sobre cómo mejorar tu estilo de escritura y hacer que sea más eficaz. Algunas sugerencias son:

- Usa un lenguaje claro y conciso. Evita palabras innecesarias y frases complicadas.
- Aprende a utilizar la voz activa y a evitar la voz pasiva.
- Haz que tu escritura sea visual. Usa descripciones y metáforas para crear imágenes en la mente del lector.
- Haz que tu escritura sea emocional. Usa palabras que provoquen una respuesta emocional en el lector.

Estas son solo algunas ideas para abordar el tema "Escribiendo tu libro" en un libro de 100 páginas o más. Recuerda que puedes combinar diferentes temas y subtemas para crear un libro completo y útil sobre cómo escribir y publicar un libro con ChatGPT.

Consejos para empezar a escribir tu libro utilizando el contenido generado por ChatGPT

1. Sé selectivo con el contenido generado por ChatGPT: Aunque la tecnología de ChatGPT es impresionante, no toda la información que genera será útil o relevante para tu libro. Por lo tanto, es importante que seas selectivo y cuidadoso al elegir qué contenido utilizar para tu libro. Considera el objetivo y la audiencia de tu libro y asegúrate de que el contenido generado por ChatGPT se ajuste a esos parámetros.

2. Añade tu toque personal: Aunque el contenido generado por ChatGPT puede ser útil como punto de partida para tu libro, también es importante que añadas tu toque personal. Utiliza la información generada por ChatGPT como una herramienta para ayudarte a desarrollar tus propias ideas y para inspirarte a crear un contenido original y atractivo.

3. Edita y revisa cuidadosamente: El contenido generado por ChatGPT puede no ser perfecto desde el primer momento, así que es importante que edites y revises el contenido cuidadosamente antes de incluirlo en tu libro. Asegúrate de que el contenido sea coherente y esté bien estructurado, y elimina cualquier información que no sea relevante o que pueda ser confusa para tu audiencia.

4. Agrega valor: Además de utilizar el contenido generado por ChatGPT, también es importante que aportes valor a tu libro mediante la inclusión de información, ideas y perspectivas únicas. Agrega tus conocimientos y experiencia en el tema que estás tratando, y proporciona ejemplos y casos prácticos que ayuden a tu audiencia a entender mejor el tema.

5. Sé paciente y perseverante: Es probable que la escritura de tu libro lleve tiempo y requiera esfuerzo. No te desanimes si te enfrentas a bloqueos creativos o si la escritura avanza más lentamente de lo que esperabas. Sé paciente y perseverante, y sigue trabajando en tu libro con la convicción de que valdrá la pena.

Cómo hacer frente al bloqueo del escritor

1. Descansa y cambia de actividad: A veces, la creatividad no fluye si estamos estresados o cansados. Descansa un rato y haz alguna actividad que te relaje, como caminar, escuchar música, meditar, entre otras. Esto te ayudará a renovar tu energía y a estar más enfocado en la escritura.

2. Define un horario y un lugar de trabajo: Establece un horario diario para escribir, y elige un lugar donde puedas trabajar sin interrupciones. De esta manera, te será más fácil concentrarte en la escritura y evitar distracciones.

3. Lee y haz investigaciones: Si te encuentras atascado en tu escritura, lee otros libros, artículos, blogs y cualquier material que esté relacionado con el tema que estás tratando. También puedes hacer investigaciones adicionales para ampliar tus conocimientos sobre el tema y ayudarte a encontrar nuevas ideas.

4. Utiliza ChatGPT para generar nuevas ideas: Una de las principales ventajas de ChatGPT es que puedes usarlo para generar nuevas ideas para tu libro. Prueba a hacer preguntas relacionadas con el tema que te interesa y espera a que ChatGPT te dé respuestas y sugerencias útiles.

5. Escribe en bloques de tiempo más cortos: Si te resulta difícil escribir durante largos períodos de tiempo, prueba a escribir en bloques

más cortos, como 20 o 30 minutos. De esta manera, te será más fácil concentrarte y estar más motivado.

6. Comparte tus ideas con otros: Habla con amigos, familiares, colegas o grupos de escritores en línea para compartir tus ideas y obtener comentarios y sugerencias útiles. Esto puede ayudarte a obtener una nueva perspectiva y a encontrar nuevas formas de abordar tu escritura.

7. No te rindas: El bloqueo del escritor es un problema común, pero no debes permitir que te detenga. Sigue adelante, persevera y trabaja en la escritura todos los días, aunque sea un poco. Con el tiempo, la creatividad y la inspiración volverán a fluir.

Edición y revisión de tu libro utilizando ChatGPT

La edición y revisión son etapas importantes en la creación de cualquier libro, y utilizar ChatGPT puede ser una herramienta útil en este proceso. A continuación, te presento algunas sugerencias para la edición y revisión de tu libro utilizando ChatGPT:

1. Revisión de contenido generado por ChatGPT

Antes de empezar la edición, es importante revisar el contenido generado por ChatGPT y asegurarse de que sea relevante y esté bien organizado. Es posible que haya algunas partes del texto que necesiten ser modificadas o eliminadas para que el contenido sea más coherente y cohesivo.

2. Edición de gramática y estilo

Una vez que hayas revisado el contenido generado por ChatGPT, es hora de enfocarse en la edición de gramática y estilo. Aunque ChatGPT es bastante avanzado, es posible que algunas oraciones no sean gramaticalmente correctas o que el estilo no sea el más adecuado para tu audiencia. Por lo tanto, es recomendable revisar el texto cuidadosamente y hacer las correcciones necesarias.

3. Corrección de errores

ChatGPT puede generar texto con errores tipográficos o de puntuación. Es importante leer cuidadosamente el texto y corregir cualquier error que se encuentre.

4. Comprobación de coherencia y cohesión

A medida que se edita y revisa el texto, es importante asegurarse de que el contenido sea coherente y cohesivo. Se debe comprobar que las ideas fluyan de manera lógica y que el texto sea fácil de seguir. También es importante asegurarse de que las secciones del libro estén conectadas y que haya transiciones suaves entre ellas.

5. Uso de herramientas de edición y revisión en línea

Hay muchas herramientas de edición y revisión en línea que se pueden utilizar para complementar la edición manual. Estas herramientas pueden ayudar a detectar errores de gramática, puntuación y ortografía, así como sugerir mejoras en el estilo y la estructura del texto. Algunas de las herramientas que se pueden utilizar incluyen Grammarly, Hemingway y ProWritingAid.

En resumen, la edición y revisión de tu libro utilizando ChatGPT puede ser una tarea desafiante, pero también puede ser muy gratificante. Con un poco de esfuerzo y dedicación, puedes asegurarte de que tu libro tenga un contenido sólido, una estructura bien organizada y un estilo de escritura claro y coherente.

Cómo hacer que tu libro sea coherente y atractivo para tu audiencia

1. Define tu público objetivo: Antes de comenzar a escribir, es importante que tengas una idea clara de a quién va dirigido tu libro. ¿Quiénes son tus lectores potenciales? ¿Cuáles son sus intereses, necesidades y problemas? Al definir tu público objetivo, podrás crear un libro que resuene con ellos y los atraiga.

2. Establece un tono coherente: Tu libro debe tener un tono consistente a lo largo de todas sus páginas. El tono puede ser formal o informal, conversacional o técnico, dependiendo del género y el público al que se dirige. Asegúrate de mantener este tono a lo largo de todo el libro para mantener la coherencia y la conexión con tus lectores.

3. Crea una estructura clara: La estructura de tu libro debe ser clara y fácil de seguir. Una estructura coherente ayuda a los lectores a comprender la información que se presenta y a mantener su interés. Puedes utilizar diferentes herramientas, como encabezados, subtítulos, viñetas y gráficos, para organizar tu contenido de manera efectiva.

4. Utiliza un lenguaje sencillo y accesible: Es importante que utilices un lenguaje sencillo y accesible para que tus lectores comprendan fácilmente el contenido. Si tu libro trata sobre un tema técnico o

especializado, es posible que necesites utilizar términos técnicos, pero siempre debes explicarlos de manera clara y sencilla. Evita el uso excesivo de jergas o lenguaje rebuscado que pueda alejar a tus lectores.

5. Añade ejemplos y casos prácticos: A los lectores les encanta leer ejemplos y casos prácticos que les permitan comprender mejor los conceptos que se presentan. Utiliza ejemplos y casos prácticos para ilustrar tus puntos y hacer que el contenido sea más accesible y atractivo.

6. Revisa y edita tu libro: Por último, pero no menos importante, debes revisar y editar tu libro con cuidado para asegurarte de que sea coherente y atractivo para tu audiencia. Asegúrate de que el contenido sea claro, que la estructura sea coherente y que no haya errores ortográficos o gramaticales que puedan distraer o confundir a tus lectores.

Siguiendo estos consejos, podrás crear un libro coherente y atractivo para tu audiencia que capture su interés y mantenga su atención a lo largo de todo el libro.

Publicación de tu libro

La publicación de un libro puede ser un proceso complicado y a veces abrumador, pero con un poco de planificación y estrategia, puedes llevar tu libro al mercado de manera efectiva. A continuación se presentan algunos consejos para publicar tu libro:

1. Decide cómo quieres publicar tu libro

Hay varias opciones disponibles para publicar tu libro. Puedes optar por la autopublicación, la publicación tradicional o la publicación híbrida. Cada opción tiene sus pros y contras, así que asegúrate de investigar y elegir la opción que mejor se adapte a tus necesidades y objetivos. Aquí hay un breve resumen de las diferentes opciones de publicación:

- **Autopublicación:** con la autopublicación, eres responsable de todos los aspectos de la publicación de tu libro, desde la edición hasta el diseño de la portada y la promoción del libro. Esto te da mucho control sobre el proceso, pero también significa que tendrás que trabajar duro para asegurarte de que el libro tenga éxito.

- **Publicación tradicional:** con la publicación tradicional, trabajas con una editorial que se encarga de la edición, el diseño y la distribución de tu libro. A cambio, la editorial se lleva una parte de las ventas del libro. Este enfoque puede ser más difícil, ya que tendrás que encontrar una editorial que esté interesada en publicar tu libro, pero puede proporcionar una mayor exposición y credibilidad.

- **Publicación híbrida:** la publicación híbrida es una combinación de la autopublicación y la publicación tradicional. Con la publicación híbrida, trabajas con una editorial que te brinda apoyo para la edición, diseño y distribución de tu libro, pero también tienes más control sobre el proceso que con la publicación tradicional. Este enfoque puede ser una buena opción para aquellos que quieren el apoyo de una editorial pero también quieren mantener el control sobre el proceso de publicación.

2. Diseña una portada atractiva

La portada de tu libro es la primera impresión que tus lectores tendrán de tu obra, por lo que es importante que sea atractiva y llame la atención. Si bien puedes crear tu propia portada, si no eres diseñador gráfico, te recomendamos contratar a un profesional que te ayude a crear una portada atractiva y de alta calidad.

3. Promociona tu libro

La promoción es una parte clave de la publicación de tu libro. Necesitas hacer que la gente sepa que tu libro existe y que es valioso para ellos. Algunas formas de promocionar tu libro incluyen:

- Crear un sitio web o blog para tu libro.

- Usar las redes sociales para promocionar tu libro y conectarte con posibles lectores.

- Realizar presentaciones en librerías, bibliotecas y otros lugares donde puedas encontrar a tus lectores potenciales.

- Obtener reseñas de tu libro en publicaciones o sitios web relevantes para tu audiencia.

- Participar en ferias del libro o eventos relacionados con la temática de tu libro.

4. Mantén una buena relación con tus lectores

Una vez que hayas publicado tu libro, es importante mantener una buena relación con tus lectores para fomentar su lealtad y apoyo continuo. Algunas formas de hacerlo incluyen:

- Mantén un diálogo constante con tus lectores a través de redes sociales, correo electrónico o cualquier otro medio que prefieras.

- Agradece a tus lectores por su apoyo y considera ofrecer descuentos especiales o incentivos para los lectores que compren tu próximo libro.
- Ofrece contenido adicional, como artículos o historias cortas relacionadas con tu libro, para mantener a tus lectores comprometidos y entusiasmados con tu trabajo.
- Pregunta a tus lectores su opinión sobre tu libro y ten en cuenta sus sugerencias al escribir tu próximo libro.

Al seguir estos consejos, podrás publicar y promocionar tu libro de manera efectiva y mantener una base de seguidores leales y comprometidos. La publicación de un libro puede ser una tarea desafiante, pero con un poco de dedicación y planificación, puedes lograrlo y llevar tu obra al mundo.

Opciones de publicación para tu libro

1. Publicación tradicional: Si optas por la publicación tradicional, es decir, encontrar una editorial que publique tu libro, debes prepararte para enviar tu manuscrito a varias editoriales para que lo revisen y evalúen. Es probable que necesites un agente literario para que te represente y presente tu trabajo a las editoriales, y una vez que se acepta el libro, la editorial se encargará de la edición, distribución y promoción del mismo.

2. Autoedición: Si prefieres tener más control sobre todo el proceso de publicación de tu libro, puedes optar por la autoedición. Esto te permitirá elegir los aspectos como el diseño de la portada, el formato, la distribución y la promoción de tu libro. Puedes utilizar plataformas como Amazon Kindle Direct Publishing o IngramSpark para publicar tu libro. Sin embargo, debes estar preparado para asumir todos los costos de publicación, promoción y distribución.

3. Edición bajo demanda: La edición bajo demanda (POD, por sus siglas en inglés) te permite imprimir copias de tu libro en función de la demanda del mercado. Esto significa que no tienes que pagar por una gran cantidad de impresiones por adelantado. Puedes utilizar servicios como CreateSpace de Amazon o Lulu para la edición bajo demanda.

4. Publicación digital: Si prefieres publicar tu libro en formato electrónico, puedes optar por la publicación digital. Esto te permitirá llegar a un público más amplio a través de plataformas de distribución de libros electrónicos como Amazon Kindle, Apple iBooks y Barnes & Noble Nook. Además, no tendrás que preocuparte por la impresión o distribución física del libro.

En general, la elección de la opción de publicación dependerá de tus objetivos, tus necesidades y tu presupuesto. Antes de tomar una decisión, es importante investigar y evaluar todas las opciones para determinar cuál es la mejor opción para ti.

Cómo crear una portada atractiva para tu libro utilizando ChatGPT

1. Define el objetivo de tu portada: Antes de comenzar a generar contenido con ChatGPT, es importante que definas el objetivo de tu portada. ¿Qué es lo que quieres transmitir a tus lectores? ¿Qué elementos quieres que destaquen en tu portada? ¿Quieres que sea llamativa, minimalista, o tal vez una mezcla de ambos estilos? Una vez que tengas una idea clara de lo que buscas, podrás comenzar a generar contenido.

2. Utiliza ChatGPT para generar ideas: ChatGPT puede ser una herramienta útil para generar ideas para tu portada. Puedes darle información sobre el tema de tu libro, el público al que te diriges, y el estilo de portada que te gustaría tener. A partir de esa información, ChatGPT puede ofrecerte sugerencias para títulos, imágenes, y diseños que podrías utilizar.

3. Combina diferentes elementos: Para crear una portada atractiva, es importante que combines diferentes elementos que llamen la atención de los lectores. Por ejemplo, puedes combinar una imagen llamativa con un título impactante y una breve descripción del contenido de tu libro. Otra opción es utilizar elementos visuales que se relacionen con el contenido de tu libro, como ilustraciones o fotografías.

4. Prueba diferentes opciones: Una vez que hayas generado algunas opciones de contenido con ChatGPT, es recomendable que pruebes diferentes opciones de diseño y de combinación de elementos para ver qué funciona mejor. Puedes utilizar herramientas de diseño gráfico para crear distintas versiones de tu portada y compararlas para ver cuál se adapta mejor a tu objetivo.

5. Pide opiniones: Finalmente, es recomendable que pidas opiniones a otras personas sobre tu portada antes de publicarla. Puedes pedir feedback a amigos, familiares, o incluso a expertos en diseño gráfico. A partir de esas opiniones, podrás hacer ajustes y mejoras en tu portada para asegurarte de que sea lo más atractiva posible para tus lectores.

Recuerda que crear una portada atractiva es fundamental para llamar la atención de los lectores y hacer que tu libro destaque en la competencia. Con ChatGPT y las herramientas de diseño adecuadas, puedes crear una portada que transmita el mensaje correcto y atraiga a tus lectores potenciales.

Cómo promocionar tu libro utilizando las redes sociales y otras herramientas en línea

1. Crea un plan de marketing en línea

Antes de empezar a promocionar tu libro en línea, es importante crear un plan de marketing que incluya objetivos claros, estrategias y tácticas específicas para llegar a tu público objetivo. Algunas preguntas que puedes responder para crear tu plan son:

- ¿Quiénes son tus lectores ideales?
- ¿En qué plataformas en línea está presente tu público objetivo?
- ¿Cuáles son tus objetivos de marketing (por ejemplo, aumentar las ventas, generar interacción en línea, aumentar la visibilidad de tu libro, etc.)?
- ¿Cuál es tu presupuesto para marketing en línea?

2. Utiliza las redes sociales

Las redes sociales son una herramienta importante para promocionar tu libro en línea. Aquí hay algunos consejos para aprovechar al máximo las redes sociales:

- Crea perfiles en las redes sociales más relevantes para tu público objetivo (por ejemplo, Facebook, Twitter, Instagram, LinkedIn, TikTok, etc.).

- Publica contenido regularmente que sea relevante y atractivo para tu audiencia.

- Utiliza hashtags relevantes para aumentar la visibilidad de tus publicaciones.

- Colabora con otros autores, influencers o cuentas que tengan una audiencia similar a la tuya.

- Utiliza publicidad en redes sociales para llegar a un público más amplio.

3. Crea un sitio web para tu libro

Un sitio web es una herramienta importante para promocionar tu libro en línea. Aquí hay algunos consejos para crear un sitio web efectivo:

- Asegúrate de que tu sitio web tenga un diseño atractivo y fácil de navegar.

- Incluye información detallada sobre tu libro, como una descripción, reseñas, extractos y una biografía del autor.

- Ofrece opciones de compra en línea para tu libro.

- Crea un blog en tu sitio web donde puedas publicar contenido relacionado con tu libro y atraer a tu público objetivo.

4. Utiliza herramientas de marketing en línea

Además de las redes sociales y tu sitio web, hay muchas otras herramientas en línea que puedes utilizar para promocionar tu libro. Algunas opciones son:

- Email marketing: envía correos electrónicos a tus suscriptores con actualizaciones sobre tu libro y promociones especiales.
- Reseñas en línea: anima a los lectores a dejar reseñas en línea sobre tu libro en sitios como Amazon, Goodreads y otros.
- Publicidad en línea: utiliza anuncios de pago por clic en plataformas como Google AdWords o Facebook Ads para aumentar la visibilidad de tu libro.
- Colabora con blogs y sitios web de reseñas de libros para llegar a un público más amplio.

Estas son solo algunas ideas que puedes incluir en tu libro sobre cómo promocionar tu libro en línea. Recuerda que lo más importante es conocer a tu público objetivo y utilizar las herramientas de marketing en línea que sean más relevantes para ellos.

Consejos para hacer que tu libro sea exitoso

1. Conoce a tu audiencia: Antes de empezar a escribir, es importante que sepas a quién te diriges. Averigua quiénes son tus lectores potenciales, qué les gusta leer y cómo puedes satisfacer sus necesidades con tu libro. Utiliza esta información para adaptar tu estilo de escritura y el contenido de tu libro.

2. Escribe para ti mismo: Aunque es importante conocer a tu audiencia, también es fundamental que escribas sobre lo que te apasiona. Si no te gusta lo que estás escribiendo, probablemente no lograrás mantener el interés y la pasión en el proceso creativo. Escribe lo que te gusta, lo que te interesa, y lo que creas que puede aportar algo valioso a tus lectores.

3. Elige un tema interesante y relevante: Para que tu libro sea exitoso, es importante que elijas un tema interesante y relevante. Investiga lo que está en tendencia en tu campo y encuentra una forma original y creativa de abordarlo. Asegúrate de que el tema sea atractivo para tu audiencia y tenga la capacidad de mantener su interés.

4. Haz una buena planificación: Una planificación sólida puede ayudarte a mantenerte enfocado y organizado mientras escribes tu libro. Establece un calendario de escritura y asegúrate de cumplir con las fechas límite. Crea una estructura

clara para tu libro, definiendo capítulos y subsecciones, y considera la posibilidad de hacer un esquema antes de empezar a escribir.

5. Edita y corrige: Es importante que edites y corrijas tu trabajo varias veces antes de publicarlo. Revisa el contenido, la gramática, la puntuación, el estilo y la coherencia del libro. Considera la posibilidad de contratar a un editor profesional para que revise y mejore tu trabajo.

6. Busca feedback: Busca opiniones honestas sobre tu libro. Comparte tu trabajo con amigos, familiares y colegas, o incluso con lectores beta. Utiliza sus comentarios para mejorar y pulir tu libro antes de publicarlo.

7. Crea una buena portada: La portada de tu libro es la primera impresión que tendrá tu audiencia, por lo que es importante que sea atractiva y bien diseñada. Considera la posibilidad de contratar a un diseñador profesional para crear una portada que capte la atención de los lectores.

8. Promociona tu libro: Una vez que hayas publicado tu libro, es importante que lo promociones. Utiliza las redes sociales, los blogs y otros medios en línea para promocionar tu trabajo. Considera la posibilidad de hacer eventos de lanzamiento o de firma de libros, y busca oportunidades de hablar sobre tu libro en eventos relevantes.

Siguiendo estos consejos, estarás en el camino correcto para hacer que tu libro sea exitoso. Recuerda que la escritura es un proceso y que, a veces, puede llevar tiempo y esfuerzo. Pero si sigues trabajando en tu libro y sigues estos consejos, tendrás más probabilidades de crear un libro que conecte con tu audiencia y sea un éxito.

Conclusiones y próximos pasos

Las conclusiones son una parte importante de cualquier libro, ya que te permiten resumir los principales puntos que has discutido a lo largo del libro y ofrecer una reflexión final sobre el tema. Las conclusiones también pueden incluir recomendaciones para el lector sobre lo que debería hacer a continuación.

A continuación, se presentan algunos consejos para escribir las conclusiones y próximos pasos para un libro de 100 páginas o más:

1. Resumen de los puntos principales: En las conclusiones, debes resumir los puntos principales que has cubierto en el libro. Debes hacer un resumen claro y conciso de lo que has discutido y de las ideas principales que deseas que el lector recuerde.

2. Reflexión final: En las conclusiones, también debes ofrecer una reflexión final sobre el tema que has discutido. ¿Qué es lo que deseas que el lector se lleve de tu libro? ¿Qué te gustaría que el lector recordara después de leerlo?

3. Recomendaciones: Además de ofrecer una reflexión final, también puedes ofrecer recomendaciones para el lector sobre lo que debería hacer a continuación. Por ejemplo, si has escrito un libro sobre cómo publicar un libro utilizando ChatGPT, podrías ofrecer

recomendaciones sobre cómo el lector podría utilizar ChatGPT para escribir su propio libro.

4. Próximos pasos: En las conclusiones, también puedes ofrecer próximos pasos para el lector. ¿Qué más debería leer o investigar el lector para profundizar en el tema? ¿Hay alguna otra actividad o tarea que el lector debería realizar para poner en práctica los conceptos que has cubierto en el libro?

5. Cierre y despedida: Finalmente, debes cerrar tu libro con una despedida adecuada. Agradece al lector por leer tu libro y ofrécele algún tipo de despedida, como "¡Hasta la próxima!" o "¡Te deseo todo lo mejor en tus próximos proyectos de escritura!".

Recuerda que estas son solo algunas ideas sobre cómo escribir las conclusiones y próximos pasos para un libro de 100 páginas o más. Puedes adaptar estas sugerencias según el tema que hayas tratado en tu libro y el público al que te diriges.

Recapitulación de lo que se cubrió en el libro

Recapitulación de lo que se cubrió en el libro

En este libro, hemos explorado cómo utilizar ChatGPT para escribir y publicar un libro. Hemos cubierto los siguientes temas:

En la primera sección, presentamos la importancia de escribir y publicar un libro, y describimos lo que se cubriría en el libro.

En la segunda sección, exploramos qué es ChatGPT y cómo funciona. También discutimos cómo utilizar ChatGPT para generar ideas y contenido para tu libro, y proporcionamos consejos para asegurarte de que el contenido generado sea de alta calidad. Además, presentamos varios ejemplos de cómo utilizar ChatGPT para escribir diferentes tipos de libros.

En la tercera sección, te mostramos cómo planificar tu libro, incluyendo cómo definir el género, el público objetivo y el propósito de tu libro. También discutimos cómo estructurar tu libro y organizar tus ideas, y te presentamos herramientas y técnicas para la planificación y organización de tu libro.

En la cuarta sección, te mostramos cómo escribir tu libro utilizando el contenido generado por ChatGPT. También te proporcionamos consejos para hacer frente al bloqueo del escritor, y discutimos la edición y revisión de tu libro utilizando ChatGPT. Finalmente, te mostramos cómo hacer que tu libro sea coherente y atractivo para tu audiencia.

En la quinta sección, exploramos diferentes opciones de publicación para tu libro, incluyendo la autopublicación y la publicación tradicional. También te mostramos cómo crear una portada atractiva para tu libro utilizando ChatGPT, y te proporcionamos consejos para promocionar tu libro utilizando las redes sociales y otras herramientas en línea. Finalmente, te ofrecimos consejos para hacer que tu libro sea exitoso.

En esta sección final, hemos resumido las principales lecciones aprendidas en el libro, y te hemos proporcionado sugerencias para futuras investigaciones o publicaciones. Esperamos que este libro te haya proporcionado la información y las herramientas que necesitas para escribir y publicar tu propio libro utilizando ChatGPT. ¡Buena suerte en tu aventura de escritura y publicación de libros!

Además, queremos destacar algunos de los puntos más importantes que se presentaron en el libro:

- ChatGPT puede ser una herramienta útil para generar ideas y contenido para tu libro, pero es importante asegurarse de que el contenido generado sea de alta calidad y relevante para tu audiencia.

- La planificación y organización son claves para escribir un libro exitoso. Asegúrate de definir claramente el género, el público objetivo y el propósito de tu libro, y utiliza herramientas y técnicas para planificar y estructurar tu contenido de manera efectiva.

- La escritura es un proceso que puede tener altibajos. Es normal enfrentar el bloqueo del escritor o tener dificultades para mantener la coherencia en tu libro. Sin embargo, existen estrategias que puedes utilizar para superar estos desafíos y continuar avanzando en la escritura de tu libro.

- La edición y revisión son cruciales para garantizar que tu libro sea de alta calidad. Utiliza herramientas como ChatGPT para ayudarte en este proceso, pero también asegúrate de revisar tu libro cuidadosamente para detectar errores de ortografía, gramática o coherencia.

- La publicación de tu libro es una etapa importante, y existen diferentes opciones a considerar, desde la autopublicación hasta la publicación tradicional. Asegúrate de elegir la opción que mejor se adapte a tus necesidades y objetivos.

- La promoción es clave para hacer que tu libro sea visible y atractivo para tu audiencia. Utiliza las redes sociales y otras herramientas en línea para promocionar tu libro, y considera participar en eventos o ferias del libro para llegar a una audiencia más amplia.

Esperamos que este libro te haya proporcionado las herramientas y la inspiración que necesitas para escribir y publicar tu propio libro utilizando ChatGPT. Recuerda que escribir un libro puede ser un proceso largo y desafiante, pero también puede ser muy gratificante. ¡No dudes en utilizar las herramientas y consejos que se presentaron en este libro para ayudarte a alcanzar tus metas de escritura y publicación de libros!

Resumen de las principales lecciones aprendidas

El resumen de las principales lecciones aprendidas es una parte fundamental de cualquier libro, ya que proporciona a los lectores una visión general de lo que se ha cubierto y les ayuda a reflexionar sobre las enseñanzas clave del libro. En un libro de 100 hojas o más, es especialmente importante que el resumen sea claro y conciso, para que los lectores puedan recordar fácilmente lo que han aprendido.

Para escribir un buen resumen de las principales lecciones aprendidas en un libro de 100 hojas o más, es recomendable seguir los siguientes pasos:

1. Identifica las enseñanzas clave del libro. Revisa tus notas y destaca los puntos más importantes, aquellos que resumen la esencia del libro y que podrían ser útiles para los lectores.

2. Prioriza las lecciones aprendidas. No todas las enseñanzas del libro tienen la misma importancia. Selecciona las que crees que son las más significativas y relevantes para tus lectores.

3. Escribe un borrador del resumen. Utiliza tus notas y escribe un borrador de lo que consideras las principales lecciones aprendidas del libro. No te preocupes demasiado por el orden o la estructura, en esta etapa lo importante es recopilar y organizar la información.

4. Organiza el resumen. Una vez que hayas escrito el borrador, organiza las lecciones aprendidas en secciones o categorías. Esto hará que el resumen sea más fácil de leer y comprender.

5. Ajusta la redacción. Revisa el resumen y asegúrate de que las palabras y frases utilizadas sean claras y precisas. Ajusta la redacción según sea necesario para hacer que el resumen sea lo más conciso posible.

6. Incluye ejemplos y anécdotas. Para hacer que el resumen sea más interesante y memorable, puedes incluir ejemplos y anécdotas que ilustren las lecciones aprendidas del libro. Esto hará que el resumen sea más atractivo para los lectores y les ayudará a comprender mejor las enseñanzas.

En resumen, para escribir un buen resumen de las principales lecciones aprendidas en un libro de 100 hojas o más, es necesario identificar las enseñanzas clave, priorizarlas, organizarlas y ajustar la redacción para que sea clara y concisa. Además, incluir ejemplos y anécdotas puede hacer que el resumen sea más interesante y memorable para los lectores.

1. Creación de personajes utilizando ChatGPT

- Cómo utilizar ChatGPT para crear personajes únicos e interesantes
- Consejos para desarrollar personajes realistas y coherentes con la trama de tu libro
- Cómo hacer que tus personajes sean atractivos para tus lectores y generen empatía

2. Redacción de diálogos con ChatGPT

- Cómo utilizar ChatGPT para generar diálogos naturales y coherentes
- Consejos para hacer que tus diálogos sean interesantes y avancen la trama de tu libro
- Cómo asegurarte de que tus personajes hablen de manera consistente con su personalidad y su contexto.

3. Análisis de mercado y competencia

- Cómo utilizar ChatGPT para investigar el mercado y la competencia de tu libro
- Consejos para identificar las fortalezas y debilidades de tu libro en comparación con otros en el mercado
- Cómo utilizar la investigación de mercado y competencia para mejorar tu libro y aumentar sus posibilidades de éxito.

4. Traducción de tu libro utilizando ChatGPT

- Cómo utilizar ChatGPT para traducir tu libro a otros idiomas
- Consejos para asegurarte de que la traducción sea de alta calidad y consistente con el original
- Cómo aprovechar la traducción para llegar a nuevos mercados y audiencias.

5. Uso de ChatGPT en otros campos creativos

- Cómo utilizar ChatGPT en otras áreas creativas, como la creación de guiones, canciones, poemas o artículos periodísticos
- Consejos para adaptar el uso de ChatGPT a diferentes géneros y estilos creativos
- Cómo aprovechar las capacidades de ChatGPT para mejorar la creatividad y la productividad en otros campos.

Espero que estas sugerencias te hayan sido de ayuda. Recuerda que estas son solo algunas ideas y que puedes adaptarlas y ampliarlas según tus necesidades y objetivos concretos.

Cierre y despedida

En este libro, hemos explorado cómo escribir y publicar un libro utilizando ChatGPT. Desde cómo utilizar ChatGPT para generar ideas y contenido para tu libro, hasta cómo planificar, escribir, editar, revisar y publicar tu libro, hemos cubierto una amplia gama de temas para ayudarte a crear un libro exitoso.

Esperamos que hayas encontrado útil la información que hemos compartido. Ya sea que estés escribiendo tu primer libro o que seas un autor experimentado, estamos seguros de que has aprendido algo nuevo que te ayudará en tus futuros proyectos.

Nos gustaría recordarte que escribir un libro no es fácil, pero es un proceso muy gratificante. Sabemos que es un camino lleno de desafíos y altibajos, pero también es una oportunidad para crecer como escritor y compartir tus ideas con el mundo.

Despedida: En nombre de todo el equipo que ha trabajado en este libro, queremos agradecerte por haber tomado el tiempo de leerlo y esperamos que te haya sido de ayuda. Te deseamos mucho éxito en tu viaje como escritor y esperamos que puedas aplicar lo que has aprendido aquí para crear un libro que te haga sentir orgulloso.

Si tienes alguna pregunta o comentario sobre el libro, no dudes en ponerte en contacto con nosotros. Estamos siempre dispuestos a ayudarte y a escuchar tus ideas.

Una vez más, ¡gracias por leer este libro!